Os xamãs da floresta de concreto

Christopher Nicolas Mauricio Machado

Sumário

DEDICATÓRIA

Escrevi este livro com objetivo de auxiliar qualquer pessoa que pense em realizar uma experiência com plantas de poder em especial a Ayahuasca, muitos amigos sempre perguntam como é e o que fazer antes de um ritual.

Espero que seja possível esclarecer um pouco como seria uma experiência destas no contexto de nossa sociedade, e um resumo das sensações mesmo a alguém que nunca tenha comungado antes.

Agradeço desde já a todos que lerem desta obra, espero ter contribuído compartilhando minha vivencia.

Xamanismo nos centros urbanos

Com o advento da globalização, tem se tornado cada vez mais fácil o acesso a informações, não sendo mais necessário na maioria das vezes ter de recorrer a enciclopédias, bibliotecas longínquas e livros empoeirados, a grande maioria das pessoas do planeta pode simplesmente ligar seus computadores e entrar na internet tendo grande quantidade de dados disponíveis para buscar suas informações e referências.

Não que isso retire a necessidade de livros ou dispense uma visita a biblioteca, mas de maneira geral se tem acesso com maior comodidade a informações e livros online, entretanto estamos longe de ter apenas conteúdos de origem indubitável, com esta grande massa de dados e acesso facilitado, qualquer pessoa com acesso a uma rede de computadores pode publicar e produzir conteúdo de qualquer que seja a natureza e fonte.

Este fator complica muitíssimo a veracidade das informações adquiridas e a consistência destes dados, muitas vezes em uma pesquisa encontramos dados divergentes sobre a mesma temática, opiniões opostas de pessoas, blogs e livros, cada um com sua verdade e buscando impor como sendo a única fonte de razão.

Exatamente por este motivo tem se tornado cada vez mais complexo e difícil encontrar informações que sejam confiáveis, isso se torna uma cena cômica, se não trágica, que na era da informação seja uma longa jornada adquirir dados de natureza autêntica, de conteúdo confiável, onde por muitas vezes não houve uma pesquisa ou trabalho para adquirir tal base de conhecimento, mas nem de todo se é mal, esta "bagunça" de informações, podemos ao filtrá-las obter diversos pontos de vista sobre um tema e então consolidar uma opinião e também nos permitir modificá-la a medida que julgamos necessário.

Se pararmos para refletir, muitos dos conceitos, assim como este que acabo de apresentar ocorre há séculos, se nos permitirmos um momento de reflexão veremos que diversas tribos têm crenças que podem se complementar ou gerar grandes rivalidades, este mesmo ponto ocorre nos dias atuais, conceitos e verdades são impostas e programadas desde o nascimento do indivíduo, este encara como única verdade estes conceitos que lhe são programados em sua mente e tenta impor a outros indivíduos que pode não partilhar desta crença, este é o motivo primordial do atrito entre povos.

Podemos então dizer que este conceito se aplica nas informações redundantes já que estas são reflexo dos indivíduos e sociedade por onde se permeia, com a globalização dos povos, tem se iniciado um processo que caminha por estradas estreitas de maneira árdua, porém contínua, para alcançar o respeito, entre as culturas e união entre povos.

Esta união e respeito que está cada vez mais presente e como consequência paradigmas são quebrados e conceitos repensados, percebe-se que a verdade é algo mutável e ninguém é detentor da mesma. Com este novo paradigma de pensamento é possível abrir portas, possibilidades que antes não eram exploradas, principalmente pela grande massa, seja por medo, ou preconceito, estando mais liberais as tendências de respeito com o que não se conhece e permitir-se conhecer o novo, conduz a novas experiências e a construção de um conhecimento vívido.

Exatamente neste contexto de um conhecimento mais vívido e menos especulativo que se faz presente o xamanismo. Este sendo a manifestação do contato humano com o mundo espiritual e plano astral utilizando técnicas ancestrais que variam das mais diversas, como a utilização de danças, jejuns, plantas de poder e momentos de reflexão e contemplação que pode ser associado a meditação, para que se possa alcançar estados alterados de consciência e transes.

Sua origem data-se nos primórdios da humanidade e se faz presente até os dias atuais, sobrevivendo as eras e se moldando naturalmente com o tempo, sua origem é controversa e pode ser englobada em todas as nações como o conhecimento base das religiões, o propósito desta filosofia é o contato com seres de planos espirituais para adquirir conhecimento e estados alterados de consciência, seja ele para atuar na cura de alguma enfermidade ou desequilíbrio psíquico, físico ou até mesmo para ter boa sorte com a caça não se limitando a estas atuações.

No trecho anterior e neste livro me refiro com o termo xamã e xamanismo as religiões, crenças e filosofias primitivas onde se cultua elementos e forças da natureza, está sentença que acabo de declarar facilitará a compreensão de maneira mais ampla, pois em determinada região do planeta tal conhecimento pode ter nomes diferentes e controversos, como por exemplo um druida também é um xamã porém não é denominado como xamã e sim com outro nome, sendo que o nome no contexto que iremos empregar não fará diferença para que se possa compreender de forma mais abrangente não apenas uma cultura mas também todo um conhecimento que está presente em todo o globo antes das navegações e outras formas de cruzar os continentes existirem.

Sintetizando, o xamanismo é a "Jornada da Consciência", onde o objetivo do xamã é trazer conhecimento dos planos sutis que não são perceptíveis as faculdades dos sentidos comuns, tais planos podem ser comparados com a teoria do multiverso sendo aparentemente similares porém distinto, irei tentar explicar estas modificações por meio desta teoria, um exemplo seria como se existissem 9 planos e todos fazem parte do mesmo conjunto [1,2,3,4,5,6,7...] o conjunto [] é o universo e dentro dele estão outros planos 1,2,3,4, que não são acessados por nós, para completar a linha de raciocínio posso dizer que estamos no 9 plano não sendo perceptível a visão comum enxergar o que está nos outros 8,7,6... mas todos eles estão juntos e entrelaçados dentro de [].

Entenda os colchetes [] como "conjunto".

Outro ponto importante é que se um indivíduo está em um dos planos não existe outro dele mesmo, fazendo escolhas diferentes e tomando outros caminhos de vida, isto se deve ao fato que para um indivíduo estar no 9 plano ele necessita de estar em todos os outros em conjunto do 1 ao 9 porém se ele se encontra no 6 necessita estar apenas do 1 ao 6 não sendo necessário estar no 9.

Este conceito que acabo de apresentar ficou um pouco complexo à primeira vista e não irei adentrar a detalhes sobre ele, mas ao me referir sobre os planos de 1 a 9 estou referindo aos corpos, físico, astral, onde o corpo astral se divide em outros como emocional, consciência e assim sucessivamente, e por se tratar de um assunto longo que necessitaria de um livro exclusivo para que se possa explicar, não sendo de carácter indispensável para a compreensão dos pontos abordados deixarei o mesmo em aberto, pedindo para abstrair ao máximo tudo o que se conhece sobre estes planos e até mesmo o que acabaste de ler e se atente a existência do plano físico, este onde estamos neste momento e ao plano astral estes respectivamente Tonal e Nagual.

Abaixo segue uma parte extraída do O sonhar de Carlos Castañeda onde se explica um pouco mais sobre o Tonal e Nagual.

"Segundo Don Juan, o Tonal é o espaço onde o homem comum se movimenta durante toda a sua vida, é aquilo que dá sentido e significação a tudo aquilo que se apresenta à nossa consciência e inclui tudo aquilo o que o homem é, pensa e faz, tudo aquilo em que pode pensar e do que pode falar.

A razão, o pensamento e a descrição cotidiana da realidade são o forte do tonal, que de fato abrange todo o leque do que é conhecido. Ou seja, para o homem comum da moderna sociedade existe apenas o conhecido e toda a sua experiência consciente limita-se ao âmbito do tonal, que começa no nascimento e termina na morte.

Já o Nagual seria tudo o que se encontra fora do tonal. É algo em cujo conteúdo não se pode pensar. O tonal seria como uma ilha onde o homem transcorre toda a sua vida, e nada conhecesse para além dos limites desta ilha. Assim, o nagual seria todo o espaço de mistério insondável em torno da ilha. Embora o nagual não possa ser compreendido ou verbalizado (pois entendimento e palavra pertencem ao tonal), pode ser testemunhado e experimentado, e este é um dos grandes objetivos dos xamãs que não se importam com entender ou racionalizar a experiência do nagual, pois interessam-se apenas pelas possibilidades pragmáticas que este coloca ao seu alcance. De fato, tonal e nagual não são apenas aspectos do mundo, pois eles têm sua expressão em todo ser humano, que tem o seu lado tonal e o seu lado nagual, que também são chamados de consciência do lado direito, consciência ordinária, o sonhador (que fazem parte do tonal) e consciência do lado esquerdo, consciência do outro eu, o sonhado, o sósia (que fazem parte do nagual). De fato, o tonal na sua condição de arranjador do caos aparente do nagual, protege-nos do impacto devastador que seria enfrentar o nagual sem quaisquer tipos de resguardos. Esta concepção dualista faz parte da didática de Don Juan, que dividiu sua instrução em ensinamentos para o lado direito e ensinamentos para o lado esquerdo, sendo que o objetivo do ensino para o lado direito seja criar um remanejamento mais saudável e funcional dos elementos que existem na ilha do tonal, que é chamado de "varrer a ilha do tonal", enquanto o ensino para o lado esquerdo visam orientar o aprendiz para que possa ter a experimentação do nagual, a fim de não perder o juízo neste processo."

Conhecimento da floresta fora da floresta

Tomando em contrapartida os pontos expostos no capítulo anterior, tenho observado que alguns obstáculos dificultam as vivências em plenitude, no contexto das experiências realizadas em meio urbano, o medo está presente na vida dos indivíduos de várias maneiras diferente, como por exemplo o medo de não conseguir pagar as contas, o medo de perder o emprego, de ser assaltado, medo de estar sozinho sem companheiro afetivo, do escuro, do desconhecido e principalmente da verdade, este último ponto pode não ficar evidente inicialmente mas se pararmos para analisar e ver as atitudes diárias, iremos encontrar ao redor um universo de mentiras, tanto para outras pessoas, como mentiras sociais para nós mesmos, para que possamos nos sentir mais confortáveis, imagine se você é uma pessoa arrogante, hipócrita, chantagista entre outras qualidades negativas e mente a si próprio que estes atributos não fazem jus em ti, e assim o faz por anos para sentir mais confortável e não ter de lidar com eles.

Então ao entrar em contato com eles descobre que não há como fugir, isto está dentro de você, uma vez que se consegue compreender cada atitude que fez e as consequências, seu mundo confortável se vai, e agora o que irá fazer? Em uma vivência xamânica com plantas de poder, todos estes sentimentos podem se fazer presente, e os véus de ilusão que antes nos traziam certo comodismo se rompe, muitos acabam optando por seguir a jornada e trabalhar suas qualidades negativas, se propõe a realizar mudanças, e este caminho pode ser árduo, mas é compensador.

Enquanto outros podem ficar chocados e negar toda experiência, dizer a si que foi ilusão o que se viu, não sou assim, e manter seu egocentrismo acima, sem ao menos tentar se questionar sobre suas ações. Quando isso ocorre muitas vezes esta pessoa não retornará a uma nova vivência e divulgará como ilusão tudo o que viu ou vivenciou.

Outro contexto é o medo do desconhecido, do escuro, que muitas vezes se espelha em opiniões pré concebidas, é um fato que nos dias atuais ao ouvir um relato sobre algo e ao repassar colocamos nossas opiniões junto da história original e assim repassamos uma relato modificado e quanto mais se passa mais se modifica, quando este chega aos ouvidos de alguém, totalmente distorcido do original, repleto de adição e remoção de conteúdo de acordo com as crenças por onde a história passou, ao ouvi-la esta pessoa forma também sua opinião e juntamente pode-se formar um preconceito, sem antes buscar informações e pesquisar várias fontes.

Outro aspecto é o medo da exposição e do desconforto seja ele qual for. Pode ser o desconforto das situações relatadas acima, como o medo da catarse (limpeza, purificação) ou das sensações desconhecidas como exemplo a sensação de morte que pode ocorrer em um trabalho, mas sempre seguida da sensação de um renascimento.

Exatamente no caso do preconceito pode se comparar algumas medicinas da floresta com drogas, e alucinógenos, e se não buscarmos informações adequadas passamos isso à frente, mas se compararmos que há 2 drogas usadas quase todos os dias pela maioria das pessoas e drogas que podem ocasionar problemas graves de saúde, são vendidas em todos os mercados sendo legais por lei e não estou referindo ao tabaco e álcool, mas sim de açúcar e café, sendo que um completa o outro na maioria das vezes, o açúcar podendo viciar, assim como o café, tendo inclusive abstinência a ambos e cafeína podendo apresentar overdose, em abuso pode agravar ou até mesmo provocar disfunções gástricas entre outras.

No caso das medicinas da floresta estas também são legais por lei, entretanto nunca vi alguém acordar dizendo: Que dia lindo vou encher a cara de Ayahuasca hoje.

E neste caso não apresentando quadros de dependência ou abstinência. Pessoas que buscam tais conhecimentos neste caminho acabam por vezes sendo mais pacientes, amorosas, caridosas, isto se deve ao fato de estarem em busca de um aprimoramento como indivíduo, como pessoa, sendo humano, quando digo sendo humano me refiro a usar a mente e o coração, compartilhar sabedoria, conhecimento e recursos, ajudando seus irmãos, seja qual for a espécie, raça, sexualidade ou ausência delas.

Para uma vivência profunda e produtiva deve entrar na jornada com respeito, tanto às medicinas, plantas, animais, pessoas envolvidas, ao xamã, fiscal, curandeiro seja qual for o nome, respeitar as opiniões divergentes de cada um, não é necessário aceitá-las mas sim manter um ambiente equilibrado, harmonioso e estando com coração e mente abertos para novas possibilidades, somente assim poderá ter plenitude e aproveitar ao máximo cada experiência, meditação seja em grupos, guiada ou solitária no conforto de sua casa ou em uma mata com cachoeiras.

Há também um conflito inegável nas linguagens do xamanismo tradicional, seja ele norte americano, amazônico ou de qualquer origem que seja, quando buscamos trazer sua linguagem para o meio urbano. Isso se deve ao fato da didática do xamanismo tradicional falar com uma linguagem que chegue mais próximo ao nagual, mas ao se fazer presente fala ou escrita já não se pertence ao nagual e sim ao mundo objetivo ao tonal, para os nativos indígenas que convivem em tribos a linguagem expressa de maneira abstrata é o suficiente para que se compreenda os ensinamentos, mas para sociedade urbana com problemas, transtornos, linguagem e cultura diferente, se faz necessário uma linguagem menos abstrata e mais objetiva, porém como empregar uma sintaxe com palavras o que ainda não existe equivalente, como explicar o inexplicável ?

Neste choque de linguagem, uma busca em expressar de maneira objetiva o que se é abstrato, a falta de termos, conceitos, palavras junto ao acréscimo de diversas culturas, este foi contexto onde nasce o neoxamanismo ou xamanismo urbano, trazendo para floresta de tecnologia a tecnologia da floresta, cabendo ao xamanismo tradicional técnicas ancestrais e ao xamanismo urbano as adaptações destas técnicas muitas vezes com terapias holísticas como Reiki, Aroma terapia, Cromoterapia entre outras, muitas vezes aderindo a um universalismo ou criando novos ramos como por exemplo umbandaime, novas linhas surgindo, alguns trabalhando de maneira híbrida um dia um trabalho Wiccaniano com plantas de poder e meditação xamãnica no outro um trabalho voltado para cura seguindo técnicas ancestrais indígenas e ainda na semana seguinte com matrizes africanas.

Outro aspecto importante a ser tratado que mudança do papel do xamã, no contexto tradicional um xamã não se reconhece como tal e sim é reconhecido por um outro xamã mais antigo e respeitado para somente então ser intitulado como xamã, e em algumas vertentes se intitulam auxiliares pois para eles o único e verdadeiro xamã é o deus cultuado, já no neoxamanismo, xamanismo urbano todo praticante que participa de algumas vivências já se intitula um xamã, muitas vezes não tendo o mínimo de conhecimento para guiar outra pessoa em uma jornada pois ainda não conseguiu chegar em um nível de compreensão de sua própria jornada. Nesta mesma linha no xamanismo urbano venho observando que o xamã se torna um dirigente e não um curandeiro, deixando assim o eu divino (consciência, deus interior, eu interior, cada lugar com seu nome para mesma coisa), e quanto maior o grupo mais fácil de ocorrer este aspecto, enquanto no xamanismo tradicional o xamã é o curandeiro, não que esta mudança de papéis seja algo ruim ou negativo apenas que é diferente e deve ser observado por cada um, como isso se reflete em suas jornadas individuais.

Há sempre dois lados a serem observados, um instituto ou centro espiritual que realiza a união de diversas crenças em seus trabalhos e desta maneira pode ter como resultante um maior número de adeptos, mas pode também se perder em meio ao caos, por unir muitas egrégoras que podem vir a entrar em conflito tanto na mente dos dirigentes como dos próprios adeptos. Entretanto nada impede que isso ocorra de maneira natural, pois o xamanismo casa-se com muitas filosofias e regiões.

Nesta nova etapa onde o xamanismo urbano ainda está amadurecendo é comum que falte conteúdo profundo a seu respeito e que que se torne algo complexo a um novo adepto de compreender de maneira breve e objetiva este movimento que vem ganhando força dia após dia desde as capitais do país as cidades do interior. Como não poderia ser diferente no contexto cultural e social da sociedade, surgem alguns grupos formados por dirigentes sem devido preparo, muitos não têm más intenções, alguns, entretanto fazem disso um ofício chegando a cobrar valores exuberantes pelos trabalhos.

Sobre este último ponto que acabo de citar gostaria de observar que cobrar pelos trabalhos não é algo errado, há diversos gastos em trabalhos com ou sem a utilização de plantas de poder, logo é justo que se cobre por isso, mas o bom senso deve imperar e o respeito pelo adepto e pelas medicinas.

Para alguém que esteja pensando em participar de algum trabalho com plantas e substâncias de poder, como a Ayahuasca, Kambo entre outras, pesquise por locais sérios em sua região. Deve sentir-se seguro em participar e ir de coração aberto para que possa ter uma experiência agradável de crescimento e autoconhecimento.

Medicinas da floresta

As medicinas da floresta são plantas e ervas utilizadas pelos povos da Amazônia como ferramenta para tratar enfermidades físicas e espirituais e que se tornaram ferramentas poderosas para os xamãs, por meio de plantas, animais e até mesmo alguns minerais é possível de maneira química e alquímica a elaborar alguns elixires capazes de ampliar a compreensão de doenças e suas curas.

Para os povos da floresta toda enfermidade tem sua origem em algum desequilíbrio espiritual e para saná-las deve se tratar o espírito para somente após isso erradicar de vez os sintomas e estas não retornar a atormentar o paciente ou indivíduo, nos dias atuais quanto mais avança a tecnologia mais se confirma esta teoria ancestral, ao estudar os corpos sutis ou o sistema de chakras podemos observar que pessoas que tem mágoa de qualquer espécie, principalmente por questões mal resolvidas de seu passado possuem uma maior probabilidade de ter alguma disfunção cardíaca ou problemas como infarto entre outros que atinjam o coração, outras situações mais facilmente observadas seriam a dificuldade em se relacionar, fobias sociais e depressão, com este embasamento a busca por intermédio das ferramentas que são conhecidas como medicina da floresta pode desatar estes nós emocionais para que haja a liberação do acúmulo de energia, no caso deste exemplo a mágoa, fazendo assim um tratamento sobre a causa e não pelo sintoma.

Ao realizar esta liberação a pessoa que estiver sendo tratada sentirá um alívio, muitas vezes com sensação de estar mais leve e isto se repercutirá em todos seus corpos fazendo com que haja auto cura, desta maneira se tratou a causa das aflições e não o sintoma, erradicando-o muitas vezes.

Estes tratamentos não ocorrem necessariamente dentro de uma clínica terapêutica, mas sim em institutos xamânico, que fazem uso destas medicinas em contexto ritualístico, podendo seguir diversas vertentes, mas sempre com a presença de dirigentes responsáveis para orientar os adeptos e fiscais para auxiliar nos trabalhos.

A medicina mais comumente encontrada é a decocção do arbusto psychotria viridis com o cipó banisteriopsis caapi conhecido como Ayahuasca, nome consagrado de origem Kichwas que significa vinho das almas, entre outros estão o rapé que é a mistura do tabaco ritualístico com ervas de propriedade terapêutica, o uso do Kambô secreção da rã Phyllomedusa bicolor conhecido como vacina do sapo, utilizado para melhorar a capacidade de lidar com o cotidiano de maneira amena fazendo com que o stress da sociedade contemporânea seja vencido com menor dificuldade e elevando a resistência imunológica, a Sananga Tabernaemontana Sananho cujo a substância ativa é a Ibogaína, esta substância também se mostra extremamente promissora na cura de dependência química, entre seu principal uso é como colírio eliminando a rinite e sinusite e também utilizada para catarata, glaucoma, presbiopia e ceratocone.

Iniciarei relatos de algumas medicinas, como são, seus princípios e utilizações, venho trabalhando obtendo estas informações há anos em busca de esclarecer sobre essas ferramentas, existem algumas outras que não listei que fazem parte das plantas sagradas mas por não ter contato e não serem naturais da Amazônia ou sendo seu uso pouco difundido no xamanismo urbano brasileiro como os cogumelos mágicos, e cactos sagrados irei me abster de relatar para que não haja informações superficiais ou errôneas.

Ayahuasca

O que fazer antes de comungar Ayahuasca, como se preparar.

Irei focar em dizer principalmente o que não fazer antes de iniciar qualquer trabalho com Ayahuasca, explicando os motivos, fala-se muito sobre o que fazer antes, como uma oração, jejum e coisas do tipo, mas estes aspectos são de origem religiosa mudando de instituto á instituto, quero transmitir de maneira clara como proceder para alcançar uma experiência com maior aproveitamento da vivência.

Alguns institutos se referem em sua ata habitual há cumprir alguns requisitos como roupas confortáveis e claras, sem decotes, fendas ou transparência, muitas vezes solicitando calça para homens e saia para mulheres, isso para que não haja distração de outros participantes, a Ayahuasca por conter IMAO (inibidor da monoamina oxidase) eleva os níveis de serotonina fazendo com que os participantes possam estar mais sujeitos a sentir atração afetiva entre si, confundindo o fraternal com o sexual, caso esteja com os trajes indicados este fator diminui consideravelmente.

É comum solicitar também colchonetes, cobertores, travesseiros e blusas de frio, mesmo estando no verão com ótimas condições climáticas, pois durante o processo o participante pode vir a sentir muito frio, se intensificando em processo de cura, já para outras pessoas podem sentir-se bem ou com calor, mas isso varia de trabalho a trabalho, não há como prever as sensações que podem ocorrem antes dos mesmos, por isso é melhor prevenir do que remediar, no caso é melhor levar cobertores e blusa de frio para estar confortável do que participar de uma experiência transcendental com frio, o que não seria algo muito agradável.

Durante os trabalhos com Ayahuasca é comum sentir um turbilhão de emoções, querer conversar com pessoas que tivemos relações deturpadas como brigas e ainda tenhamos mágoa dos mesmos, um sentimento de perdoar e desejar ser perdoado costuma estar presente, juntamente uma falta de coordenação motora, justamente por este motivo não é permitido o uso de aparelhos celulares e também deixar o instituto após o início dos trabalhos, exceto em casos extremos como se algum participante estiver necessitando de cuidados médicos.

É vetada a participação de menores de 18 anos sem autorização dos tutores e em muitos casos apenas vetada independente de autorização. Repelente de insetos e protetor solar (caso seja um trabalho durante o dia) também podem ser úteis.

Em muitos institutos se orienta a não ingestão de carne, por motivos físicos e religiosos mas isto dependerá muito do local assim como boa parte dos quesitos acima, se for nas florestas e observar os povos indígenas, eles não realizam o jejum de carne, sexo conhecido como preceito, seguem suas vidas normalmente até o momento dos trabalhos, entretanto para eles caso não haja catarse ou purga é uma tristeza, a purga é vista como uma limpeza dos males e assim sendo necessária para que possa ter a certeza que o objetivo do trabalho foi realizado.

Enquanto em nossa sociedade urbana temos fortes influências de que estes hábitos são algo que irá nos atrapalhar a entrar em contato com o divino, no caso da carne pode fazer com que ocorram vômitos com maior facilidade, principalmente no caso de comidas fortes com muita gordura, no caso do sexo não traz nenhum malefício antes ou após entretanto o participante pode desejar não realizar a prática antes para poupar a energia que seria dissipada ou até mesmo realizar um dia antes práticas tântricas para trabalhar com a energia da kundalini.

Após o trabalho, há uma confraternização com uma refeição leve. Verifique com o local se é necessário levar algo para tal e caso seja leve bebida e alimentos para serem compartilhados por todos como suco, refrigerante, leite, frutas, bolacha, bolos, pães

Alguns alimentos e medicamentos a não serem ingeridos pré e pós ingestão de Ayahuasca.

INTERAÇÃO IMAO e TIRAMINA:

A IMAO é encontrada no sistema nervoso central e na parede intestinal. A inibição da MAO, no intestino, promove a redução da metabolização da tiramina, aumentando a sua absorção. Assim, o uso simultâneo de um medicamento IMAO com alimentos ricos em tiramina provoca uma maior absorção desta substância e, consequentemente, maiores concentrações plasmáticas, levando ao aparecimento de crise hipertensiva.

Bebidas alcoólicas em geral.

Antidepressivos contendo inibidores seletivos de recaptação da serotonina (ISRS), tais como a erva kanna (Sceletium tortuosum) e comprimidos como paroxetina (Seroxat), fluoxetina (Prozac), citalopram (Cipramil), fluvoxamina (Fevarin) e sertralina (Zoloft), no caso destes caso o participante do trabalho faça uso de tais medicamentos deve consultar o médico psiquiatra responsável por seu acompanhamento para que este possa orientá-lo antes de participar de qualquer trabalho com Ayahuasca, pois na composição da mesma contém o cipó banisteriopsis caapi, fonte de harmina e harmalina que também são inibidores da monoamina oxidase, podendo levar a quadros de síndrome serotoninérgica, isto não impede que o indivíduo participe caso seja interrompido o tratamento ou diminuída a dose, mas sempre com orientação médica para não ocasionar problemas ao indivíduo e ao instituto.

Comprimidos para dormir, Anestésicos, Remédios para enxaquecas, Remédios para alergias, Remédios para constipações, Cocaína, Anfetaminas (speed), MDMA (XTC), Cactos de mescalina (peiote e são pedro), Substâncias psicoestimulantes, sobretudo anfetaminas, Efedra / efedrina.

Substâncias e alimentos que podem provocar maior catarse.

Produtos lácteos (manteiga, leite, iogurte e natas)

Queijos (exceção: queijo fresco, queijo creme, ricota)

Fiambres secos ou fermentados (bologna, salame, pepperoni, fígado, linguiça)

Carnes secas, peixe, frutos do mar, caviar e ovos secos

Conservas, peixe seco com sal

Extratos de levedura (Marmite)

Couve fermentada

Frutas: Figos, Passas, Ameixas vermelhas, Ananás, Framboesas, Fruta enlatada, Abacaxi, Bananas, Abacate, Amendoim, Azeite de soja, Berinjela, Casca de banana, Castanha-de-caju, Ervilha, Espinafre, Ginseng, Grão-de-bico, Iogurte, Noz-de-coco, Passas, Patês, Repolho-azedo, Suplementos proteicos, Tâmaras, Tomate)

Nozes e amendoim

Feijões e vagens (feijão-verde, favas, lentilhas, ervilhas e rebentos de soja)

Molho de soja

LSA (sementes de glória-da-manhã e trepadeira-elefante)

Ervas com MDA (noz-moscada, cálamo)

Chocolate

Cafeína (café, colas, guaraná, bebidas energéticas)

Ginseng

Erva de são João

Inaladores nasais (Vicks Sinex, Prevalin ou Otrivin)

Outros inibidores da MAO

Sertralina e Lítio (podem ocasionar tremores).

Seguindo estes passos terá uma experiência mais tranquila com melhor aproveitamento. Nunca tente enganar o instituto ou casa onde estiver sendo ministrada Ayahuasca, estará ludibriando a si e a todos, mas nada passa despercebido da Ayahuasca e esta pode ser uma professora severa, este é um conselho próprio de quem não seguiu o preceito indicado. Seguir tal conselho irá depender de cada um com seus pensamentos, mas é válido adaptação conforme necessidade e crença individual, ninguém é detentor da verdade e da razão.

Por fim, após uma experiência observe o silêncio e reflita sobre a mesma, ao tentar trazer a experiência do nagual para o tonal pode se perder um pouco da essência, há trabalhos que podem demorar semanas, meses ou anos para que possam ser compreendidos em sua totalidade.

Alertas sobre as experiências com plantas de poder.

Antes de adentrar as medicinas da floresta, nós que fazemos parte da civilização urbana devemos nos atentar em alguns detalhes referente a comunicação entre estas duas florestas podemos dizer que a cinza seria o meio urbano e a verde com toda sua vegetação.

Quando ouvimos falar das medicinas da floresta poucas pessoas sabem dizer com exatidão o que elas fazem realmente, muito se fala que é cura para qualquer enfermidade, ou que um determinado preparo é capaz de fazer verdadeiros milagres, e sobre esta afirmação digo que não bem assim que as coisas funcionam, é e ao mesmo tempo o é.

Irei explicar de maneira mais objetiva para que possa se fazer jus as curas e não ocorrer uma frustração, um dos problemas que permeia muito seria a tal frustração, se ouve maravilhas sobre o que pode ocorrer em uma experiência mas no momento algumas vezes nos desapontamos, isto se deve a dois principais causadores sendo um a ansiedade de obter respostas jamais alcançadas e outro a falha na comunicação dos povos da floresta com os povos dos prédios, onde a cultura e o organismo físico são diferentes um do outro.

É possível constatar que se você perguntar para um xamã, um pajé o porquê se deve aplicar Kambô ele irá dizer que se o indivíduo está sem sorte na caça, desanimado ou com moleza, no caso da Ayahuasca serve pra tudo, que irá ver os antepassados e estes irão dar as respostas que necessitamos. Ele não está errado, para o povo dele funciona desta maneira todos compreendem assim, mas ao chegar na cidade é repetido, isso é, uma pessoa pode não ter visões, e realizar forte catarse, pode não sentir uma melhora significativa em sua situação e depois denegrir a utilização destas medicinas, ainda pode dizer que suas contas não amanheceram pagas ou seu estabelecimento não tem clientes que a sorte segue como sempre, sei que dramatizei neste exemplo mas é para nos conscientizarmos que se deve trabalhar com muita atenção no que dizemos e divulgamos sobre todos os aspectos principalmente sobre algo complexo como o xamanismo e sua atuação.

Outra coisa que pode ocorrer seria um instituto ou pessoa intitulada xamã, com muita ou pouco experiência ser processada com calúnia e difamação com a acusação de curandeirismo, e charlatanismo, que o xamã e as plantas não curaram a pessoa e algo lhe foi prometido, para isso tanto ao ponto de quem foi buscar ajuda quanto do xamã é muito útil esclarecer que referente a traumas, anseios e conflitos a Ayahuasca assim como todas as demais medicinas não promovem cura, mas sim uma energia e situação favorável para que a própria consciência pessoal possa realizar a auto cura.

Pode ocorrer desdobramentos e visões de entes queridos, mas isso irá depender de como a pessoa está sintonizada, que a medicina xamânica é uma escola, e não um hospital, onde o indivíduo aprende a se curar e a se conhecer iniciando a jornada nos corpos mais sutis e isso refletirá diretamente nos corpos densos como o físico. E agora começamos a iniciar uma explicação com mais luz, com mais clareza a quem irá participar de uma jornada nesta escola, há também outros alertas como o local ao qual se fará um trabalho ou que irá participar, como por exemplo a seriedade dos dirigentes, terapeuta ou xamã e a confiança que se tem em se entregar pois durante o processo estará vulnerável, o aspecto da egrégora do local, por exemplo se você for cristão e restar preconceitos ou não sentir-se bem em locais de cultura e crença diferente e participar de um trabalho cruzado com wicca ou de culto a orixás, poderia ser algo desconfortável.

Após realizar todas estas observações tenho apenas um ponto para dizer antes que possamos prosseguir, pondere muito após a experiência, esteja calmo e consciente, pondere mais um pouco e reflita novamente antes de sair contando suas experiências, digo isto pois demora para que possamos assimilar totalmente o que ocorreu, algumas pessoas podem ver coisas sobre outras, gostaria de esclarecer que sempre em todas as experiências estará presente o ego, algumas vezes mais em outras menos, quando se vê algo que não seja integralmente referente ao próprio indivíduo no caso você deve estar com atenção redobrada, pois muitas coisas podem ser manifestações inconscientes de nossos próprios anseios, pensamentos e desejos. O ego não é nenhum monstro, é apenas parte de quem somos hoje, partindo do pressuposto que o ego é formado pela cultura do meio social ao qual estamos inseridos, nossos desejos e anseios.

Com isso pode se dizer que em uma sociedade repleta de neuroses onde se tem de agradar a todos, ganhar muito dinheiro para ter muitos bens e assim aos olhos da sociedade se dizer bem sucedido é comum que o ego trabalhe para tal finalidade e tenda a não aceitar questionamentos, pois desde a sua formação inicial recebeu estas condições, estas métricas e verdades impostas, a busca por preencher o vazio existencial não cessa, sendo cansativo permanecer nesta luta de desejos, por estar sempre em guerra com o mundo e consigo mesmo é comum ouvirmos uma frase muito replicada nos dias de hoje como, tenho de acordar e matar um leão todos os dias, que batalha mais exaustiva seria matar um leão todos os dias, e nunca cessa, nunca descansar, é comum que haja estresse por estar sobrecarregado de atividades, pensamentos e cobranças incessantes, ou estar depressivo, a depressão não é um mal da atualidade, sempre esteve presente, mas nos dias atuais segue como uma epidemia, apenas seu nome mudou para dizer que é algo novo, rebatizado, mas que pode se traduzir como desgosto, infelicidade, horas se não consegue preencher o vazio interior que todo ser humano tem de uma forma ou outra, com relacionamentos afetivos, compras e aquisições, aprovação da sociedade seja esta como um todo ou apenas um grupo, é comum sentir que fracassou, mas e quanto a própria felicidade, estar alegre apenas por estar vivo, viver o hoje, nosso mundo é maravilhoso, um belo sol, uma lua esplêndida, céu azul repleto de estrelas, a maior parte das pessoas não olha mais para o céu, se pergunte quanto tempo faz que não dedica trinta minutos a uma hora olhando as estrelas ou as árvores em um parque, sem se preocupar com nada.

Acaba culpando o ego em si por estes aspectos, sendo que na realidade não existe um culpado, não é culpa da sociedade, pois esta como um todo partilha destes anseios, não é culpa do indivíduo ou de seus pais pela programação que receberá, pois seus pais receberam dos pais deles e assim por diante, mas fica a cargo do indivíduo o que ele fará no dia de hoje, como procederá para que haja uma mudança deste padrão, o ego estando doente e carente, sentindo um grande vazio muitas vezes mascarado das mais diversas formas, pode ser reprogramado, e esta é a atuação das plantas de poder.

Realizar uma restauração na programação de vida e pensamento, e essa reprogramação é feita aos poucos, a mudança de paradigmas e conceitos não deve ser feita em instantes e muito menos cobrada que seja rápida, pois uma vida inteira em um padrão sendo radicalmente transformada pode fazer com que a pessoa fique perdida, sem saber em que acreditar ou o que fazer, muitas vezes parte das experiências são esquecidas para que não haja dados na convivência com outros e consigo mesmo, por isso deve haver momentos de reflexão antecedentes e após qualquer experiência, podemos acessar nosso eu transcendental para seja uma fonte de contato interior, uma base em nossa jornada, uma fonte de conhecimento pessoal, muitas vezes designado como mestre interior, e assim trazer uma sustentação a mais para tais mudanças, no final de nossa jornada nosso ego será integrado em nosso eu transcendental e assim se somará como mais um papel interpretado por nossa alma nos palcos da eternidade.

Relato 1ª experiência com Ayahuasca.

Segue-se a narrativa da primeira experiência vivenciada por mim e como que está afetou minha forma de pensar e de ver a vida e tudo o que a cerca, sobre minhas atitudes e pensamentos, deixarei esta narrativa o mais próximo possível do que escrevi após a experiência inicial para que não se perca o potencial contido nestas palavras.

Creio ser de grande valia realizar anotações no decorrer dos dias após se iniciar o trabalho ritualístico com ou sem ingestão de plantas de poder, o trabalho começa antes do que se imagina e não tem data para seu término, digo isso com a intenção de conscientizar que muitas vezes os trabalhos são preparados semanas ou meses antes do dia efetivo de sua execução e sua atuação pode seguir meses à frente em caráter sutil, agindo no subconsciente e nos véus sublimes do universo tendendo ao infinito como uma gota de água que cai sob o mar.

A partir deste ponto irei iniciar a narrativa de minha própria experiência e como foram os dias seguintes após a ingestão desta bebida alquímica.

Estava pronto e confiante para participar do ritual com Ayahuasca, recebi todas as recomendações como não realizar práticas sexuais antes do ritual, não ingerir alimentos pesados principalmente carne e acalmar a mente.

Inicialmente segui as recomendações realizei um café da manhã e almoço leve até aí tudo perfeito, eu estava com minha namorada em casa, mas cumpri o recomendado e não realizei práticas sexuais, entretanto a tarde não resisti e comi feijão com bacon feito com banha de porco, guarde bem esta parte.

Descumpri minha dieta a única coisa que me foi solicitado de fazer, e eu não a cumpri, pensei comigo mesmo, bom um pouquinho não faz mal, ninguém irá saber...

E sobre isso, amigo leitor aprendi uma lição, que logo a frente irei lhes contar, mas quero que grave a frase que irei dizer: Você pode enganar a ti mesmo, aos outros, mas jamais enganará o espirito da Ayahuasca.

O tempo estava chegando e me preparei para ir ao encontro da experiência a qual tanto esperava e agora mais ansioso do que nunca, pois enfim iria acontecer, estava curioso para saber o que iria acontecer, me sentia confiante, mas com um frio na barriga.

Juntei minha mochila, cobertor e fui, ao chegar no ponto de encontro precedente ao local do trabalho conheci outras pessoas que me contaram seus relatos e suas vivências, conversamos e sentia uma energia boa destas pessoas.

Após todos chegarem fomos à chácara onde se realizaria o trabalho, ao chegar logo me senti à vontade e em contato com a natureza, o ambiente era grande havia uma fogueira e eu sempre amei o fogo. As primeiras ordens vieram e foi solicitado para que os homens se separassem das mulheres, e foi formado uma roda ao redor da fogueira.

Após todos colocarem seus cobertores no gramado para que fosse possível deitar foi orientado que cada um se dirigisse ao seu lugar, e novas orientações foram passadas, sentia que o trabalho era algo sério.

Fomos orientados que ninguém poderia sair do local antes que acabasse, isso para própria segurança, que não seria possível contato telefônico entre outros e que se fosse necessário qualquer coisa para se levantar a mão.

O trabalho começou tomei um copinho de 50ml (copo de café) de Ayahuasca e logo após um copo de água, comi um pedacinho de maçã e deitei-me, fechei os olhos e acabei dormindo.

Acordei já na força, sentia meu corpo respondendo a bebida e o que eu sentia era diferente de tudo o que já havia vivido, a música dos mantras que eram entoados nas caixas de som tinham uma vibração tão poderosa, parecia estremecer todo o meu ser, os galhos das árvores acima de mim vibravam, e tudo ao meu redor estava vivo e vibrava em uma frequência.

Comecei a perceber um sentimento de amor crescendo em meu coração, e ao mesmo tempo fui perdendo o medo, o medo já não existia em meu coração, apenas amor. Minha subconsciência aparentava ter desaparecido permitindo que meu consciente dialogasse diretamente com minha inconsciência, sensações e conhecimentos que antes estavam ocultos dentro de mim agora brotavam em uma sinfonia horas deslumbrante, horas agonizante, comecei a ser guiado por mim mesmo a uma viagem para o universo e outros planos, eu perguntava e as respostas vinham em minha mente como se eu já soubesse todas as respostas e apenas lembra-se delas.

Eu olhava ao meu redor e via seres de extrema luz, algo que não tenho palavras para descrever, caminhei por templos astrais e via imagens do universo, de galáxias, estrelas, nebulosas, fiquei admirado com tantas percepções. As cores que se encontravam com maior frequência e facilidade eram violeta, rosa e azul, estas cores se combinam e se entrelaçam umas com as outras de maneira a qual nunca pude imaginar, todas as perguntas que tinha eram respondidas de imediato, algumas me propus a não lembrar quando voltasse, para que se assimile melhor a experiência e então lembrasse aos poucos.

Quando eu já não tinha mais perguntas cabíveis me propus a me autoconhecer, iniciei uma jornada profunda de interiorização, mergulhei em mim e iniciei uma fase onde algumas pessoas apareciam frente a mim pedindo desculpas e perdão e eu aceitava, sentia gratidão e compaixão dessas pessoas, a maioria destas pessoas eu não fazia e continuo sem fazer noção alguma de quem eram.

Depois comecei a ver pessoas de roupas claras, estas pessoas eu sabia exatamente quem eram, são minha família, não a família terrena e nem pessoas desta família atual que partiram, mas minha família que já estava a tempos a me acompanhar na jornada reencarnatória, eu chorava de alegria ao revê-los, porém hoje não lembro quem são, e muito menos suas faces.

Então saí e fui levado a outra parte muito importante de meu trabalho, a hora onde eu deveria pedir perdão, e comecei a ver pessoas que eu não conhecia, no momento sabia quem eram e de nossa história, mas hoje não me recordo, achei em partes isso estranho, pois pensei que eu não tinha carma ou débito algum de vidas passadas, vi que estava errado e muito, depois pessoas desta vida, sentia e sabia onde havia errado e me sentia mal, porém livre e liberto a cada perdão que eu pedia.

Então foi chegada a hora da dose de reforço, mais um copo de Ayahuasca e mais um copinho de água para ajudar a retirar o sabor forte da boca, enfim um pedaço de maçã para adoçar.

Sentia vontade forte de dançar e de levantar, os mantras vibravam muito forte, fui capaz de compreender muitas coisas, as quais jamais imaginei serem possíveis, muito menos nesta encarnação, tantos conhecimentos referentes ao universo como a mim mesmo, e como tudo ao meu redor funciona no macro e no micro, sentia que estava entrando da primeira série da academia de conhecimentos do universo quântico, assim como uma criança de 7 anos inicia seus estudos sobre nosso plano atual e material.

Algumas coisas que me foram mostradas eram tão grandiosas e complexas que eu pedi para que fosse bloqueado ao voltar, pois eu não saberia como lidar com tanto conhecimento de uma vez.

Após este período de ensinamentos fui saindo do astral e me interiorizando, tudo voltou aos poucos com perfeição e harmonia, havia compreendido e sanado as dúvidas que habitava meu coração e minha mente.

Então por último chegou a parte que considero pessoalmente mais importante, a desconstrução do ego, onde conheci realmente quem eu sou e me confrontei, onde tive de enfrentar minhas ilusões chegando tão profundo de mim que me assustei.

Neste momento comecei a sentir um forte calor em meu estômago, como se este fosse uma fornalha, tão rápido quanto eu poderia notar levantei-me ajoelhado e regurgitei fortemente, em minha mente veio instantaneamente a lembrança que havia quebrado a dieta pré ritualística, e após alguns instantes me sentia fraco sem forças, este momento de transição não deve ter durado mais que alguns segundos, tanto em minha percepção de tempo como os ponteiros do relógio.

Deitei-me novamente para continuar o trabalho, comecei a sentir frio e logo acordei em um local escuro, sentia que estava paralisado tentava levantar e não conseguia, meus braços saiam do lugar e deslocavam, sentia que não iria mais voltar do ritual, que a viagem seria eterna, pois em minha concepção o período inicial de vivência e aprendizado durou aproximadamente 200 anos, um tempo enorme 10 vezes maior que meu tempo de vida, algo que não era possível conceber naquele instante, tinha certeza que iria acordar em um hospital e talvez tivesse sequelas por toda a minha vida.

Felizmente foi totalmente o contrário que aconteceu, voltei com sanidade mais do que antes, concebendo minhas loucuras, com um olhar mais analítico sob a sociedade a qual estou inserido e os arquétipos impostos a mim, retornei com uma programação formatada, possibilitando que aos poucos fosse removido um a um os véus de Maya.

Mesmo em desespero sentia que estava grato pelo que havia aprendido e por saber que amo as pessoas ao meu redor e que convivem comigo.

Logo me vi abrindo os olhos e vendo-me enterrado, após o que se apresentava como horas provavelmente não passaram de alguns segundos, olhei para minhas mãos e via apenas o meu esqueleto, comecei a ter certeza de que estava morto e preso em meu corpo, senti então a pior dor de minha vida, sentia como se vermes estivessem comendo meu cadáver e ao mesmo tempo um frio imensurável, ao meu redor ouvia vozes de gelar a espinha, porém o medo não fazia parte dos meus sentimentos, após estar morto teria medo de quê ?

A única coisa que se passava na minha mente era como minha família estaria, se sentiriam minha falta.

Me deparando com estes sentimentos minha vida passou em frente a meus olhos, vi as atitudes que realizei das quais mais me arrependo, a cada vez que via algo ao qual sentia arrependido pedia perdão a mim mesmo, e vi a possibilidade de fazer diferente, mesmo estando em tal situação me sentia grato por tomar consciência de minhas ações e como elas refletiram na vida de outros e por ter o conhecimento de como corrigir, não seria fácil, entretanto estava confuso se era possível ou não já que acreditava estar morto.

Se realmente estivesse não saberia como agir, o único pensamento que tocava meu ser era a vontade de retornar e recomeçar minha vida, corrigir a forma de conduzir a vida, e reparar o que fosse possível com meus amigos e família.

Então comecei a chamar meu sagrado anjo guardião (egrégora que eu seguia na época) e mentalizar o símbolo de uma egrégora que faço parte R+C e tenho muito apreço, aos poucos fui melhorando, o tempo desta experiência foi imensurável sentia que estava sujo interiormente.

Vi que havia me tornado o monstro que abominava, com o passar do tempo tinha me transformado em uma pessoa arrogante, prepotente, hipócrita e que mesmo tentando não julgar, era cheio de rótulos, opressor e julgava de acordo com minha vontade de sentença.

Após observar os pontos de minha vida aos quais precisavam ser modificados clamei pela oportunidade de colocar novas ações em prática.

Então uma mão tocou em meu ombro e me chamou, o trabalho havia terminado, pediram para que eu me levantasse, eu me sentia sem forças, incapaz de levantar, me chamarem por mais 3 vezes, bebi um pouco de água então fui melhorando, fui direto para o banheiro ver como me encontrava, eu estava normal nem tão sujo e nem muito limpo.

Fiquei muito feliz com isso, vontade de rir só de lembrar sai da baía do banheiro e me olhei no espelho, neste dia eu vi tantas faces de mim mesmo que não me reconhecia no espelho, então disse a mim mesmo:

Bem-vindo, e bom dia.

Sentia que havia acabado de nascer com a possibilidade não de modificar o passado, mas sim de fazer um novo futuro, fazer diferente, tudo dependia apenas de mim, estava na hora de pôr tudo em prática, novas ações, a oportunidade clamada foi concedida e eu sabia por onde começar, bastava apenas seguir um passo de cada vez, a mudança veio aos poucos, porém proveniente de meu interior, e isso resultou em algo duradouro que a cada dia sigo um novo passo um novo degrau.

Sai do banheiro e andei pelo local e então fui vendo outras pessoas, ouvindo suas vivências e tentando organizar a minha. Comi um caqui e foi o melhor caqui da minha vida, sentia todo o sabor dele, sentia uma paz enorme no meu coração e um conforto com os ensinamentos que me foi transmitido.

No dia seguinte me dei uma folga do trabalho, no meu caso foi fácil já que nesta época trabalhava como sócio diretor em uma empresa de desenvolvimento de sistemas caso não fosse possível esta realização conseguiria trabalhar mas com uma leve ressaca, a folga que me dei foi muito útil para assimilar tudo o que havia ocorrido, as ideias e a vivência ainda estava passando muito forte em minha mente, eu sentia que precisava organizar e traçar um planejamento por onde iniciar minha mudança de atitudes.

E resolvi fazer o que era mais fácil e simples, começar pelo básico, então no dia seguinte fui trabalhar e contei para meus sócios como foi minha experiência, todos me ouviram e com o passar dos dias viram que eu estava me tornando uma pessoa mais humana, menos agressiva, raivosa e sanguinolenta.

Meus familiares que no caso são meu tio e tia que morava na casa de fundo a minha perceberam na primeira semana a diferença, a partir de atos simples os quais acreditava que ninguém se atentaria.

Meu tio e eu havíamos combinado de cortar a grama no sábado, ele me avisou que não poderia fazer o trabalho comigo e domingo iria sair para realizar alguns trabalhos.

Então eu parei olhei para ele e disse que eu tinha percebido que ele estava trabalhando muito e se esforçando e que eu cortaria sozinho e depois outro dia faríamos juntos. Tomei a ação, identifiquei que ele estava ocupado não por lazer, mas por trabalho, eu estava me pondo no lugar das pessoas antes de agir.

Este simples fato fez com que ele ligasse para minha tia e contasse este episódio no mesmo instante.

Após isso continuei analisando mais a vida, e tentando me doar mais e me pôr no lugar das pessoas, não me tornei um santo e nem pretendo, ainda perco as estribeiras e a paciência às vezes ainda sou arrogante, porém menos que antes e a cada dia busco ser menos que ontem, amar mais as pessoas, busco o amor por todos os seres, auxiliando quem está a minha volta.

Percebi que a Ayahuasca não é algo que te faça mudar, ela apenas mostra o caminho, vai de nós escolher sair da zona de conforto e lapidar a alma e as ações para melhorar como indivíduo.

Mas ela proporciona a visão do que eu não fui capaz de ver, e me deu um empurrão para agir e sair da inércia.

Os dias seguintes foram se passando e agora eu já não sinto um fardo grande, enxergo alegria na simplicidade de estar perto das pessoas que amo, tomar um sorvete, cozinhar e fazer meus hobbies, o prazer de chegar em casa e abraçar meus cachorros.

Após alguns dias fui constatando minha mudança, havia me proposto a não tomar Ayahuasca novamente antes de praticar os ensinamentos que me foram transmitidos pois bem, eu os pratiquei e continuo praticando. Estava com vontade de aprimorar mais, dar mais um passo, engatinhar mais um pouco para entender melhor a mim e a tudo o que me cerca, então quis marcar outro ritual, desta vez em minha casa, para isso fui conversar com meu tio, pois ele é dirigente de um centro de umbanda e eu queria saber se poderia realizar o ritual lá, se iria cruzar egrégora ou seria liberado.

Tive a surpresa de ele não apenas dizer que estava livre para fazer o ritual, como que ele queria participar também, que sentia a necessidade de resolver os conflitos internos e se conhecer melhor, minha tia também disse que queria participar, pois viu as mudanças em minhas ações, no ritual seguinte contei com a presença de alguns familiares meus e de sócios, não são todos que encontram pessoas abertas a ouvir os relatos de uma experiência desta, mas tive a grande sorte de estar ao lado destes.

Processo de limpeza, purificação ou simplesmente catarse

Neste ponto irei abordar alguns quesitos como a catarse, pêia, limpeza, purificação, que comumente pode decorrer de um processo com Ayahuasca, em cada local que se vá tem um nome para situações semelhantes, porém com pequenas diferenças.

Todo processo com utilização de Ayahuasca seja ele um ritual xamânico ou um consultório terapêutico aborda o psicosoma de quem está a participar, tratando de forma abrangente os aspectos conscientes e inconscientes, trazendo lembranças a muito esquecidas, e reavivando as emoções e pensamentos sobre o decorrer da vida.

Irei seguir com alguns exemplos de situações e como possivelmente seria tratado em um momento com a medicina da Ayahuasca, digo possivelmente pois não são aspectos rígidos, exatos, se tratando da mente de cada indivíduo, seguirá situações relatando o aspecto holístico, abordando os diversos aspectos do ser, tais quais, como a mente, as emoções e o corpo físico, para tratar todos os aspectos, deixando para trás a visão deturpada, onde se foca apenas no que é visível a primeira instância, solucionando muitas vezes o sintoma mas não sua causa, toda dor e desconforto é um sinal de alerta de que algo está errado e precisa de atenção naquele momento, se ignorar este sinal tratando e observando apenas um de seus aspectos ele se intensifica cada vez mais, pois a causa da liberação deste alarme não foi sanada.

Primeiro caso, um menino que vivenciou em sua infância o paradigma de que homem não chora, não se expressa sentimentalmente, ao crescer ele se depara com o aspecto que todo homem tem de ser "garanhão" e conseguir a mulher que deseja ou até mesmo sair com várias, mas o menino é tímido e acaba se frustrando neste aspecto de sua vida e o prazer lhe é privado, ao chegar em sua vida adulta se depara com vários sonhos de consumo imposto pela sociedade onde sempre se quer mais e o que é imposto como melhor, sendo este melhor o que é apresentado nos meios de comunicação e este se decepciona novamente por não alcançar seus desejos, e permanece em uma busca exaustiva e desgastante, trabalhando 8 horas por dia, pegando 2 horas de trânsito para ir ao trabalho e mais 2 ao retornar, no total temos 4 horas de trânsito e 8 de trabalho, juntando com uma noite recomendada de sono de 8 horas o dia de 24 horas tem apenas 4 horas livres para ter lazer, tempo de realizar suas tarefas de casa e atenção para a família.

Não precisa se dizer que este tempo é pouco e muitas tarefas não iram receber a devida atenção, o sono se atrasa e o pequeno menino agora um homem continua frustrado e desgastado por correr tanto atrás de seus sonhos e nunca alcançá-los, com o passar dos anos se torna uma pessoa com desgosto da vida, e começa a se esconder atrás de fugas rápidas como a bebida após o trabalho, se inicia um dos 2 caminhos, o stress por estar em um ritmo acelerado e não obter a satisfação ou uma depressão, sendo a depressão apenas infelicidade em grau crônico, mas com um novo nome de conotação mais eufêmica.

Este menino foi tratado como um androide, tendo sua programação apresentada em cartilha corrida nas escolas, com moldes de uma sociedade aprisionada em seus conceitos de moralidade que são usados para manter a ordem entre a classe de poder aquisitivo mais baixos, sejam entre pessoas dos mesmos povos ou estrangeiros.

Ao tratar como androide esta alma, ela sente sozinha e irá experienciar, vivenciar os níveis mais intensos de agonia.

Agora seguirei narrando uma experiência que esta pessoa teria em uma sessão bem consagrada com ayahuasca, não irei abordar os aspectos visuais pois isso depende de pessoa a pessoa, apenas o aspecto de catarse e limpeza desta pessoa, o nome limpeza é o que melhor define todo o processo e veremos o porquê.

Supondo que seja iniciado um trabalho com respeito a sagrada medicina da floresta, seja esta a floresta verde ou a cinza floresta de concreto, as primeiras impressões dão início a manifestação.

Para quem diz não conseguir permanecer poucos minutos em meditação ou contemplação terá vivência libertadora e aterrorizante ao mesmo tempo entre sentir as cortinas que cobrem os sentidos das percepções superiores se utilizarem, alguns dos véus irão se atenuar, o transe se iniciar e agora enfim ficará mais claro olhar para dentro de si.

Com isso todas as dores, todos os alarmes irão soar mais altos.

Os alarmes que sempre se mantiveram despercebidos e acima deste capítulo referenciados, após terem recebido tratamento não da causa mas sim dos sintomas, do estresse, depressão ou uma simples dor de estômago, tão comum em nossa sociedade atual, terão enfim atenção na causa e não no sintoma e isso irá se desenrolará com o processo de limpeza por meio da Ayahuasca vejamos a seguir exemplos de alguns processos dando continuidade da análise deste homem que cresceu com imposições comuns de nossa sociedade.

Ter um carro do ano, quem sabe modelo esportivo, realizar viagens paradisíacas, estar estabilizado com a casa que sempre sonhou, muitos são os sonhos compartilhados de maneira comum em nosso meio social, divulgado por meio das mídias de comunicação, e dentre tantos sonhos poucos são os que alcançam esta realizações e para grande maioria resta a frustração, e nosso personagem não foge da massa, após anos de trabalho árduo não alcançou a realização que almejava, ao obter uma conquista mudava o planejamento para buscar estar mais longe.

No momento em que a Ayahuasca inicia o processo nos corpos sutis e vem a se adensar até atingir o físico ocorre o momento em que o "Guia" em muitas tradições chamado do próprio espírito da Ayahuasca se apresenta em suma essência para levar o integrante que estás a participar do ritual.

Então este irá realizar o procedimento de ascensão da consciência com cada integrante de maneira pessoal e particular, para que seja possível este processo é necessário realizar a liberação dos bloqueios e traumas que foram adquiridos ao longo da vida, pode não ser um trabalho rápido primeiramente mas em apenas uma sessão não se liberta de todos os bloqueios adquiridos ao longo da vida, afinal quantos anos de bloqueios tem de ser removidos, quantas couraças tem de ser abertas até que possa chegar na essência, não do problema mas da solução.

É iniciado o primeiro passo para estar livre do que nos prende e impede de sermos felizes sendo nós mesmos, então estarás apto a compreender sua verdade.

Agora nosso jovem personagem irá acessar todo o conteúdo gerado por sua mente, porém de maneira extremamente subconsciente, demora anos, para que um indivíduo tenha acesso consciente a essas informações, com tantos bloqueios impactando em sua rotina e invisíveis até então, se inicia o processo de limpeza, contrações começaram a ocorrer em seu abdômen, uma forte vontade de evacuar começa a se manifestar, ele não luta apenas levanta a mão e solicita ajuda aos monitores, que o acompanham ao banheiro, chegando lá deixam-no na porta e este mesmo estando sob efeito da Ayahuasca sabe exatamente o que está acontecendo, e tem capacidade de se locomover e realizar o processo de evacuação e higienização sem dificuldades, neste momento os bloqueios mais arraigados como a desesperança, falta de desejo de viver e a falta de ter sonhos começam a ser liberados.

As toxinas mentais se adensam e são eliminadas junto às fezes, abordamos um breve ponto até este momento sobre a limpeza, neste momento sobre as fezes que auxiliam a eliminar os pontos mais intrínsecos do cotidiano.

Podemos constatar em simples observação a nossa sociedade ocidental que o consumo nos é forçado por todos os lados, a partir do momento que entramos neste mundo somos influenciados a consumir produtos que acreditamos serem necessários para nossa alegria, em troca de cada produto ou serviço é requisitado uma energia para que este possa ser de nosso consumo ou propriedade, esta energia que mostra o poder de compra é chamada de dinheiro, sem o qual não é possível adquirir os bens ou consumíveis que nos são propostos em cada comercial.

Como citado no início de nosso diálogo, o carro do ano, a cassa da novela entre diversos sonhos que expressariam felicidade ao menos em teoria, promovidos por um sistema que não visa o indivíduo, mas em o poder de aquisição.

E onde eu quero chegar com isso? Crítica social? Este é um livro sobre medicina da floresta então por que estaria abordando esta temática?

Escolhi seguir com este caminho pois seria desleixo de minha parte querer realizar uma análise um tanto quanto superficial de um processo que deve ser observado como um todo, se possível utilizar esta palavra de maneira holística.

Não se trata de crítica social mas de constatação de fatos, que ao partir do nascimento recebemos de todos os lados influência para o consumo de coisas que provavelmente não teremos com facilidade, na maioria dos casos, e ao longo dos anos de vida, boletos e contas acumuladas, frustrações por não obter aquilo que é almejado, todo este sentimento se acumula, podemos dizer que todos os sentimentos têm esta propriedade de serem acumulados, e na grande maioria não são sentimentos saudáveis, engraçado isso não é mesmo.

Acumulamos para nós sentimentos que sem perceber nos é prejudicial, e os sentimentos prósperos como realizar um ato sem esperar nada em troca, apenas por gostar da pessoa ou mesmo sem a conhecer, quem sabe presentear uma criança carente, este sentimento deixamos ir, mas os sentimentos tóxicos nos apegamos a eles.

Nosso corpo é repleto de caminhos energéticos, somos em essência energia pura, e temos centros que acumulam mais energia, cada um como se fossem, e na realidade são, departamentos, cada qual com sua função.

O centro afetado por estes bloqueios que trabalha com a essência vital como o ânimo de vida, a alegria de estar presente, o impulso de atacar ou fugir. Em correspondência pode ser atribuído ao primeiro chakra, o segundo chakra também tem papel fundamental neste tipo de catarse, porém sua atuação é mais abrangente afetando outros aspectos como o prazer, seja a falta do mesmo ou da satisfação como o excesso que seria relacionado com vícios, tais não são apenas vícios em drogas, mas sim todas as manifestações que possam ser ligadas a própria palavra do vício, como jogos, sexo, álcool, tabaco, ações, pensamentos, comportamentos, aos quais se está preso, em ciclo, assim se manifestando o vício de maneira negativa.

Então estes bloqueios então liberados por este centro são relacionados às fezes.

Retratando da limpeza por meio da evacuação pelas fezes, temos outra forma que se manifesta com grande naturalidade nos trabalhos utilizando a medicina Ayahuasca, e este provavelmente é o mais comentado e pode se dizer que mais temido por muitos.

No decorrer de nossa caminhada neste mundo somos coagidos mesmo que imperceptivelmente e por "educação" a engolir muitas coisas, como ofensas, desejos e todas as ações que podem ir de atrito com outra pessoa e para evitar este desgaste ou para que se preserve uma situação, seja este familiar, entre relacionamento afetivo, amizades e, ou principalmente trabalho, acabamos por engolir diversas situações indigestas, popularmente conhecidas como engolir sapos.

Este ato de engolir coisas que não são palatáveis, que vão se chocar contra nosso verdadeiro eu, faz com que este atrito evitado seja apenas uma ilusão, tudo o que colocamos para dentro de nós sem ter aceitação real sobre isso, acaba por entrar em atrito direto com a visão de como nós percebemos, acaba por entrar em contato direto com o Ego.

Este por sua vez não perdoa e não permite que esta ação de engolir sapos possa seguir em frente, fazendo com que haja um acúmulo de energia em nosso centro de atuação conhecido como terceiro chakra. Confesso que não encontrei ainda expressão melhor do que engolir sapos, pois a própria expressão já diz que o ato é de engolir, e tudo que engolimos vai para o estômago, ao menos deveria, rs.

Esta condensação de energia, pode causar fortes problemas estomacais, e gastro digestivos, refletindo em todos os corpos.

Todos os sentimentos e pensamentos que se tem origem em nosso corpo, tem um campo de atuação forte, uma energia realmente, que pode ser observada por impulsos elétricos na química cerebral, os impulsos do coração também são observáveis, sei que fica repetitivo utilizar a palavra energia, mas esta é a qual se melhor adequa em diversos aspectos, com o campo de atuação emitindo um atrito de nós para conosco. Um atrito do indivíduo para com ele mesmo, faz com que todas as células, todo o nosso corpo esteja nesta condição, "vibre" junto em atrito consigo mesmo, isso não causa bons resultados, pode ser comparado ao longo dos anos como uma guerra contra si mesmo, causa de várias enfermidades tanto da psique quanto do corpo mais denso, físico.

A maneira que a Ayahuasca faz com que possamos pôr para fora tudo isso que engolimos e está a nos prejudicar é o vómito, por isso mesmo sendo algo em si desconfortável muitas pessoas relatam um forte alívio e bem-estar após executar este ato dentro dos rituais com Ayahuasca. Uma coisa é executar dentro da Ayahuasca, mas fora dela nunca ouvi alguém dizer nossa que delicia acabei de vomitar, não é algo que se possa dizer que é comum de se ouvir. Mas dentro desta medicina de auto cura é normal ouvir tais dizeres, algo a se refletir. O que você está colocando para dentro de si mesmo?

Existem outros processos de limpeza como o choro ou os olhos lacrimejarem em processos com Ayahuasca, também tem limpeza por meio de bocejos, mas não irei abordar estes aspectos no momento para não estender tanto o livro e deixar a leitura mais amena. Digo que podemos fazer uma analogia com os processos de limpeza da Ayahuasca e também ao longo de um estudo com a filosofia hindu e profundo conhecimento nos chakras é possível fazer grande relação sobre a atuação elementar. Limpeza por meio das fezes tem fortes influências do 1º chakra e também do 2º, se dá por meio do elemento terra.

O vômito tem forte atuação do fogo, reflete ações ligadas ao 3º e ao 5º chakra. Choro e lágrimas ao 2º e ao 4º chakra, ligação com a água, sentimentos repreendidos, tudo o que seguramos e não deixamos ir, ira causar algum desequilíbrio, é como tentar represar um rio que deveria correr naturalmente. Por fim o bocejo elemento ar, corresponde com o 6º e 7 chakra, este é muito pouco falado pois tem grandes aspectos esotéricos e pode se dizer que existe uma curo mais transcendente, que lide com a alma ferida ao longo do processo de samsara ao longo dos séculos de encarnação.

Banhos

Realizar um banho de harmonização de nossas energias antes de qualquer trabalho espiritualista não é obrigatório, mas é uma ferramenta útil para elevação do estado vibracional, podendo fazer com que fique calmo e com uma concentração mais apurada nos objetivos propostos, outro aspecto importante a ser levado em conta é que ao realizar um banho de ervas antecedendo um trabalho já estamos nos sintonizando com os objetivos facilitando resultados mais positivos e sendo uma forma de higiene astral, limpando todos os nossos corpos e energizando-os, uma comparação é que muitas pessoas antes de ir em um médico realiza um banho higiênico ou pré consulta em um dentista se escova os dentes, porque seria diferente com a espiritualidade.

As ervas utilizadas nos banhos têm muitas propriedades tanto medicinais, como a intenção durante o preparo que unidas irão agir nos campos áuricos.

Irei seguir com instruções de como preparar banhos macerados e fervidos, sendo que os macerados devem ser sempre realizados com ervas frescas e os fervidos com elas secas, as ervas podem ser compradas ou plantadas em vasos pequenos para se ter em casa.

Caso não esteja disponível uma área verde em casa para plantar, pode colocar as ervas frescas compradas em feira amarradas e penduradas em um local arejado com sombra para que estas sequem naturalmente, nunca deixando no sol, pois alguns de seus componentes são óleos essenciais e estes tendem a ser volátil e iriam evaporar, anulando as propriedades que desejamos trabalhar, fazendo com que o banho em si tenha um efeito menor do que esperamos.

Sempre ao preparar qualquer banho tanto para limpeza quanto banhos energizantes deve separar um momento de intimidade com esta prática, coloque o celular no silencioso telefone fixo desligado, caso more com mais pessoas peça para que não lhe incomodem por alguns momentos, e se reserve para alguns minutos de tranquilidade após tomar o banho, de preferência caso possível tire um breve cochilo ou realize uma meditação, assim estará mais receptivo a energia atuante fazendo com que haja uma comunhão entre você e ela, podendo obter o máximo de aproveitamento desta sintonização.

Também pode optar pelo banho de ofurô, disponível em centros de estéticas ou spas sendo que o ofurô é mais profunda que as banheiras ocidentais tradicionais, por isso a coluna do indivíduo fica totalmente submersa, mas nada impede que se faça um banho de ervas e utilize após um banho de ducha ou chuveiro despejando da cabeça aos pés, afinal a cabeça também faz parte do corpo.

Existem três classificações para selecionar as ervas que irão compor um banho e cada uma com sua utilização, podendo combinar uma ou mais para se obter o propósito desejado, estas são ervas frias e este nome não se deve a sua potência ser reduzida ou porque não têm ação devastadora como as ervas quentes mas sim por ter uma atuação voltada para casos específicos, sendo muitas vezes ervas atratoras, geralmente ervas de aspecto feminino, as ervas femininas podem aparecer como poderosas facilitadoras das conexões com a espiritualidade, das projeções astrais e do desenvolvimento mediúnico, sendo utilizadas individualmente com o propósito natural de cada uma, em preparo composto reforçam o propósito específico somando sua atuação com as demais ervas.

O aspecto de masculino e feminino empregado nas ervas é utilizado com a conotação de positivo e negativo não sendo um melhor ou pior que o outro, mas sim polos opostos e complementares da mesma energia, sendo designado as ervas femininas maior atuação em propósitos espirituais e ervas masculinas para materiais, em um banho pode se completar com ervas masculinas e femininas.

Ervas Mornas ou equilibradoras trabalham em vários campos de ação e são independentes, são aquelas para limpezas do dia a dia, podendo ser utilizada para manter um estado vibracional harmônico, estas ervas têm a propriedade de reconstruir o campo astral, curando as feridas, as chagas abertas pelas ervas quentes, quando misturadas com ervas quentes elas equilibram o banho.

As ervas quentes são usadas para limpezas pesadas, têm a capacidade de dissolver as larvas astrais, atuando como ácidos astrais possuindo alto poder de limpeza, são diluidoras de miasmas, onde encostam causam reação não só nos fatores negativos, mas também causam uma exaustão de energia vital de quem os usa por isso o dogma de não as usar na cabeça, e de não serem ervas de uso diário.

A seguir uma lista de ervas encontradas facilmente em viveiros de plantas, mercados e casas de artigos religiosos.

Ervas Quentes

Alho e casca de Alho - proteção, exorcismo, limpeza.

A utilização do alho remonta à antiguidade sendo muito utilizado na Roma antiga e Grécia para proteção e afugentar maus espíritos e maus agouros.

Arruda - consumir, purificar, descarregar, limpar.

Provavelmente a erva mais conhecida no Brasil, para afugentar energias negativas e promover forte descarrego.

Casca de Angico Vermelho - limpeza, restauração.

Utilizado para restaurar os corpos físico e sutis agindo com a limpeza e restauração.

Casca de Cebola - proteção, cura

A cebola era adorada em algumas cidades do Egito antigo, e foi às vezes invocada, tendo juramentos.

Casca de Jurema - potencializadora, força em trabalhos.

Juremeira é uma árvore muito poderosa, origem do vinho da jurema, detentora de muitos mistérios em sua raiz, o uso de sua casca em banho e defumações da força purificação e limpeza com suas benç3es antes de um trabalho.

Dandá - limpeza forte, removedor de cargas negativas.

Verdadeiro ácido desagregador, desmontador e decompositor de magias negativas em que se usam animais, sangue e ossos.

Erva de Bicho - limpeza, revitalizante e cicatrizante no corpo físico.

Espada de São Jorge - abrir caminhos, proteção, remoção de obstáculos.

Capaz de abrir caminhos, retirando obstáculos que antes pareciam intransponíveis.

Eucalipto - restauração dos corpos, desmagnetizar, equilíbrio.

Fumo de corda ou em folhas - magnetizador, desobstrui acúmulos de energia.

O tabaco é um substituto mágico para datura e beladona, tem alto poder de magnetizar e descarregar energias acumuladas e densas, e toxina muito mais baixa para se lidar sem correr riscos.

Guiné - vitalizar, estimular, desagregar.

Muito utilizado em benzimentos em conjunto de arruda, forte poder de limpeza, deixando uma sensação de paz e elevação, desagrega formas e pensamentos de baixa vibração, transmite boas energias.

Pinhão Roxo - consumir, queimar, desintegrar.

Um poderoso consumidor de larvas e miasmas astrais, eliminando também pensamentos negativos, seja consciente ou inconsciente, também muito utilizado para quebrar magias de amarração, possessão e que possam prejudicar por meio de perturbações e enfermidades.

Quebra Demanda - o nome já diz tudo, poderosa para eliminar energias de guerras mágicas e perseguições.

Santa Bárbara - limpeza e descarrego de energias densas.

Esta planta foi consagrada ao culto de Santa Bárbara, padroeira dos artilheiros, dos mineiros e de todas as corporações que se expõem aos perigos da pólvora e do fogo, efetivamente, as suas folhas curam muito bem feridas.

Ervas mornas, equilibradoras

Abre Caminho - motivar, expandir, direcionar, habilitar.

Esta é outra erva que o nome já diz tudo, tem grande propriedade em abrir os caminhos, mantendo e atraindo, alegria e prosperidade.

Alecrim - Iluminar, rejuvenescer, equilibrar, clarear.

O alecrim tem grande propriedade em auxiliar na concentração para todas as práticas, também favorece comunicação estável com os planos superiores.

Alfavaca - recuperação, restabelecimento, harmonização.

Alfavaca é um tipo de manjericão útil em reconstruir o corpo mediúnico dos desgastes diários e das batalhas espirituais propiciando motivação e ânimo, indicada para pessoas que acabaram de se recuperar de uma doença física ou espiritual sendo um ótimo agente reconstrutor.

Alfazema - harmonizar, tranquilizar.

Energia vibratória tranquilizadora, não é calmante, mas provoca sensação de elevação espiritual, erva maternal com característica harmonizadora.

Calêndula - energizar, manter, revigorar, reconstruir, reanimar.

É usada no seu aspecto religioso e místico para estimular a energia em pessoas com apatia, na associação com outras ervas, aumenta a permanência da vibração conjunta do preparo.

Cana do brejo - restauração e proteção.

Utilizado para banhos de limpeza, tanto nos corpos como em alguns objetos de uso pessoal para trabalhos ritualísticos como as guias e colares de contas.

Cipó de Caboclo - concentrar, expandir, direcionar.

É uma potente equilibradora que proporciona pé no chão, aterramento, firmeza de propósito, concentração e foco.

Erva de Santa Maria - curandeira, equilibradora.

Erva popular no Brasil por propriedades de curar dores musculares, tem ação de equilíbrio nos corpos com relaxamento e melhora na imunidade, útil em caso de fraqueza, consultar as propriedades medicinais dos chás e nunca tomar em doses altas pois pode ser letal.

Girassol pétalas - força, determinação, poder atrator.

Muito utilizado como atrator da prosperidade, por ser uma planta que busca a energia solar tem forte influência deste astro, concedendo força e energia, e atraindo prosperidade de todas as formas incluindo a financeira.

Hortelã - calmante, relaxante, equilíbrio mental, concentração, atração.

Utilizado para acalmar a mente e deixá-la em um estado receptivo, propicia relaxamento e vigor em quem a utiliza, auxilia na atração de energias de prosperidade.

Levante - pode ser considerada a menta mais recomendada para banhos dentro das tradições populares e religiosas, muitas pessoas a indicam sem saber que se trata de uma menta, variação da hortelã, e que pode ser substituída sem nenhum problema, por sua aparência e aroma característico, é carregada dos fatores estimulantes com maior intensidade que a hortelã comum.

Manjericão - equilibrar, manter, proporcionar, fortalecer, iniciar.

Muito utilizada para aumentar a vontade, disposição e ânimo. Tem forte propriedade atratora, pode ser utilizada para diversos fins como finanças, saúde, calmante, purificador.

Mil folhas - iniciador, harmonizador.

Quando se tem mil problemas ao redor, mil folhas são mil soluções, tem atuação magnetizante podendo ser utilizado para prosperidade, restabelecimento de enfermidade, equilibrando e trazendo força a limpeza.

Pitanga folhas - incentivar, motivar, movimentar, prosperar, expandir.

A pitanga movimenta tudo o que toca em sua vibração, retira do lugar comum, ajuda a tomada de decisões movimentando o pensamento, direcionadora por excelência, colocando cada coisa no seu lugar muito utilizada para fins de prosperidade financeira, equilíbrio e aumento de atuação de outras ervas por ter a característica expansiva.

Sálvia - sabedoria e ancestralidade, limpeza leve e elevadora da vibração espiritual.

A Sálvia é erva consagrada, que carrega uma vibração de ancestralidade, remetendo um clima de sabedoria anciã, utilizada para intensificar o contato espiritual, elevando a mente a estados mais calmos e harmônicos.

Samambaia - cura, estabiliza, equilibra.

Útil em banhos quentes para equilibrar e harmonizar as energias reestruturando os corpos sutis, útil para casos de depressão e medo atuando como agente de força e felicidade, facilitando a compreensão de situações.

Ervas frias, específicas

Angélica raiz - purificação, harmonização, proteção.

Utilizada para purificação e proteção.

Anis estrelado - iluminar, equilibrar, fortalecer, sensibilizar.

Excelente para ampliar a visão mediúnica, intuição, o magnetismo e percepção.

Artemísia - renovador, embelezador, sensibilizador.

Auxilia na autoanálise é um aumenta a disposição e energia, principalmente a feminina, para os homens, é indicada quando é necessário melhorar a sensibilidade, a mediunidade e a coragem para tomar decisões unindo razão e emoção.

Boldo - limpeza sutil, calmante, tranquilizante.

O preparo deve ser sempre macerado no caso do boldo, erva muito conhecida pelos antigos pelo seu excelente resultado na cura de males de estômago e fígado, seu banho realiza uma limpeza sutil, isso não significa que é fraca, mas que atua nos corpos mais elevados e limpa a aura sem prejudicar, com uma ação mais amena comparado as ervas quentes, acalma a mente e tranquiliza.

Camomila - equilíbrio, tranquilizar, estabilizar.

Tranquilizante para os corpos, tanto físico com astral, um banho com camomila é sempre um excelente coadjuvante para uma boa noite de sono.

Canela - atrair, agregar, moderar, estabilizar, magnetizar, preparar   Seu uso nas defumações para purificar os ambientes na verdade é um potente "organizador, magnetizador e agregador" energético vibratório.

Cânfora folhas - elimina larvas astrais, limpeza.

Utilizada para eliminar larvas astrais e fortalecer a limpeza. Em casos de urgência pode usar um tablete de cânfora em resina para purificar um local, deve-se pôr fogo nela e deixar queimar naturalmente, uma observação é que pode sujar o chão deixando uma resina e produz o efeito de queimada, caindo fuligem após e durante a queima.

Este processo remove todas as energias deixando o ambiente neutro.

Capim Cidreira - calmante, tranquilizante.

Erva que propicia efeito calmante, tranquilizante, útil para reflexões e meditações acalmando a mente e propiciando melhor foco.

Carapiá - agregador, magnetizador.

Pode ser utilizado para agregar acúmulos de energia e carregá-los embora, levando acúmulos densos e energias caóticas que possam estar atrapalhando o indivíduo, útil no processo de limpeza, pode ocorrer leve catarse.

Cravo da índia - atrair, juntar, colar, ligar, clarear, perdoar, animar.

De maneira geral pode dizer que é um grande amplificador, sendo que em um preparo para prosperidade, melhora consideravelmente o magnetismo das ervas para esse fim, tornando mais magnéticas e intensas, usado também em preparos para melhorar a concentração para os estudos ou tarefas difíceis.

Erva Doce -   atrator, magnetizador, estimulante

Utilizado para atrair boas energias e prosperidade, tem função de atrair energias favoráveis e harmonizar o preparo.

Café - força, atrator, estimulante, energizantes.

Dentro das utilizações em banhos a maior função é atrair energias e potencializar a força de ação e energia atuante do preparo, se casa muito bem com banhos quentes de limpeza podendo potencializar sua ação sem aumentar o caráter ácido do banho.

Folha de Laranjeira - Energizar, Purificar, Manter.

As folhas seguem padrão da casca e fruto, excelentes para o uso junto com outras ervas repondo a energia vital.

Folha de Louro - atrair, substituir outras ervas.

O louro é um poderoso magnetizador de vibrações luminosas e positivas e mantenedor dessas vibrações atua com um magnetismo muito forte para atrair os objetivos desejados, muito utilizada para prosperidade financeira, também é utilizado como substituto de qualquer erva que não se encontre, por ser ótimo magnetizador este absorverá a intenção do preparo e irá replicá-la.

Gengibre - potencializadora, energizante.

A atuação do gengibre na classificação de erva quente, morna e fria é algo um pouco controversa, mas ele se funde bem em todas, podendo ser utilizado como limpeza harmonizando o preparo e trazendo força revitalizante, com morna trazendo mais ação e força de vontade e fria acalmando e clareando o caminho, prosperidade, regeneração e despertar de potencial pode ser atribuído ao seu uso.

Jasmim - erva com princípios atratores, sendo útil ser utilizada para potencializar um preparo, muito útil para trabalhos de prosperidade e abertura de caminhos.

Malva e Melissa - calmante, evoca proteção e equilibra as emoções.

Acalma a mente e propicia um aumento de energias de paz e fraternidade, facilitando boas relações com a família e pessoas que morem junto, favorece boas relações.

Noz Moscada - prosperidade, atrator, mantenedor, remoção de medos e barreiras.

Capaz de propiciar remoção de medos e inseguranças, abertura de caminhos e atrair prosperidade em conjunto com outras ervas de mesma finalidade atratora tem ação forte para prosperidade financeira, sendo indicado banhos em pessoas e locais.

Rosa Branca - calmante e equilibradora.

Muito útil para elevação das vibrações propiciando sensação de leveza, utilizar como limpeza em crianças que são mais sensíveis e se deve evitar os banhos quentes.

Rosa Vermelha - atrator, fortalecedor do aspecto feminino

Fortalece a força feminina, a sedução e a prosperidade, isso não significa que um homem que receba este banho ficaria afeminado, mas que poderia trabalhar sua energia feminina, sensibilidade, compaixão, sedução entre todos seus aspectos.

Sândalo - purificador, equilibrador, união dos opostos.

A utilização do sândalo realiza a união entre opostos, entre sexos opostos, entre polaridades opostas, entre razão e emoção, fazendo com que se tenha mais complacência ao analisar situações que exigem cautela e trabalhe com emoções, agindo como um pilar, também conecta com o eu interior e com o divino elevando as vibrações.

Valeriana - tranquilizante, protetora.

Auxilia no tratamento de mulheres que possuem distúrbios menstruais, também utilizada para promover amor próprio e entre pessoas, seu uso é muito diversificado, podendo ser usada em banimentos, purificação e reconciliação.

Verbena - espiritualidade, tranquilidade, calmante.

A utilização da verbena atua favorecendo os desejos do coração, limpa a mente, auxilia a eliminar raiva e mágoa, promove melhor contato com as emoções, útil para purificar locais, objetos e pessoas.

Breve comentário sobre a escolha das ervas.

Ervas com potencial magnetizador podem transformar o preparo em verdadeiros imãs, atraindo energias para o preparo e fazendo com que a pessoa ou local também possa atrair energias, criando um campo de atuação ao seu redor, ervas calmantes iram tranquilizar, serenar a mente e fazer limpeza psíquica podendo ajudar na concentração, em exercícios meditativos, trabalhos de desenvolvimento ou apenas relaxar após um dia longo e cansativo, ervas de abertura de caminho vencem a barreira que muitas vezes é auto imposta, elas trazem força de ação, abertura de caminho pode ser explicado como se estivéssemos com muita fome e sede mas a cozinha está trancada, ao utilizar estas ervas teríamos a chave, as barreiras são ultrapassadas e os objetivos ficam mais perto.

Fazendo bons banhos macerado e fervido

É chegada a hora de realizar a parte prática e iniciarmos a preparação de um banho de preparação para uma cerimônia ou apenas de limpeza de miasmas, antes de iniciarmos qualquer preparo é necessário definir o objetivo do banho, irei passar três combinações, de banhos para limpeza de miasmas e descarrego de energia negativa, três banhos equilibradores que podem ser utilizado no dia-a-dia para manter o padrão vibratório elevado, e seguindo com três banhos que irão auxiliar a concentração, calma e desenvolvimento espiritual, um banho para se utilizar como energizante quando já se está com os corpos, físico e astral limpo, querendo realizar uma atração de energias favoráveis tanto para vida cotidiana quanto para uma cerimônia com utilização das medicinas floresta e meditação. Nada impede que você crie novas combinações para alcançar propósitos específicos e que busque mais conhecimento, existe uma imensidão de ervas com as mais diversas propriedades, e infindáveis possibilidades.

Definido o propósito do banho e as ervas a serem utilizadas, tente não passar de 7 ervas, para não exagerar, pode tomar banho de ervas todos os dias assim como higiênico não a necessidade de fazer um com 10 mil ervas, mas já cheguei a constatar alguns específicos com 15 ervas.

Caso for utilizar ervas frescas converse com a planta antes de sair desmembrando-a, a planta também está viva, peça com gentileza para que ela ceda um de seus ramos para seu objetivo e ela o fará com muito amor, assim terás iniciado um processo com amor, estando sintonizado com os ramos e a planta originária desde o início, antes mesmo de ter retirado qualquer folha e isso faz muita diferença.

Lave as folhas e ramas em água corrente, faça com amor e delicadeza vá pedindo os seus objetivos, não é necessário oferecer a nenhuma entidade ou deus, mas pode oferecer ao deus de seu coração, seja ele Krishina, Javé, Cristo, entre vários casos se for realizar o pedido a linha de umbanda os caboclos trabalham muito bem com as ervas, no final irei passar um encantamento fácil para utilizar na consagração de qualquer banho que não tenha sido ofertado a alguma entidade.

Continue o processo encha um recipiente limpo com água, de preferência da chuva caso esta não seja ácida por meio da poluição, ou de cachoeiras, água mineral é sempre bem-vinda, siga macerando as folhas até não sobrar nenhuma folha inteira, até ficar apenas partículas tão pequenas que não seja possível espremer mais elas, a água do banho deve estar totalmente tingida. Agora segue a consagração.

Eu sou divino, eu crio enquanto eu falo, pai criador e grande mãe protetora consagro este banho para que (seu propósito com este banho), derramem suas benções para alcançar tais finalidades, que assim seja assim se faça, assim é, está feito, está feito, está feito.

Sinta-se livre para modificar como desejar, este é apenas um modelo que uso, gosto e funciona. Deixe o banho descansar alguns momentos na sombra, caso deseje mostre-o ao sol para receber sua energia ou deixe-o dormir a luz do lua, mas deve observar que cada fase da lua interfere em uma maneira, cada uma tem seus atributos e influência de maneiras diferente para cada tipo e objetivo, a lua crescente e cheia são ótimas para banhos de energização, a crescente em especial para um objetivo a ser alcançado como desenvolver alguma habilidade, sendo esta espiritual ou não, a minguante para limpeza eliminando todas as energias que não deseja mais, a lua nova é o período onde está se encontra escondida para os não iniciados, deve trabalhar com alguns cuidados com as energias desta fase, esta é a fase de morte e renascimento da lua.

Caso esteja com pressa, pode realizar um banho para as mais diversas finalidades e deixar descansar por 30 minutos a 2 horas e já utilizar do mesmo, sem preocupar-se com a fase da lua ou consagração com o sol, após todos os procedimentos serem realizados coe o banho com um coador de pano, e pode colocar os resíduos em alguma planta ou jardineiras, para que a matéria restante retorne a natureza, caso não possua plantas pode depositar no lixo.

Para a preparação de banhos fervidos iremos prosseguir um pouco diferente, anulando a maceração mas considerando todo o restante, quanto mais pura a água melhor, separe as ervas secas que deseja utilizar e converse com elas, peça seu objetivo para que haja uma interação inicial entre você e as ervas utilizadas, coloque água em uma panela, ou caldeirão, não importa muito o recipiente, algumas pessoas não gostam de utilizar o alumínio mas sempre o utilizei e obtive bons resultados, .agora acrescente as ervas e vá mexendo com uma colher de cabo longo a água com elas, abafe com uma tampa ou prato e não deixe com que a água ferva, sempre em fogo brando, ao iniciar a fervura pode desligar e deixar descansando para que as ervas secas possam ser hidratadas e soltar seus óleos essenciais e propriedades, deixe sempre tampado para que não evapore nenhum recurso.

Caso deseje tomar o banho em seguida complete com água fria para que não se queime. Sempre antes de realizar qualquer banho tome um puramente higiênico, e não misture sabão ao banho de ervas no caso de realizar em uma banheira, coe o banho se desejar, antes de despejá-lo em si, e faça o procedimento descrito acima para os resíduos.

Receitas

Banho de Limpeza Nº 1

7 folhas de guiné

1 ramo de alecrim

2 ramos pequenos de manjericão

Banho de Limpeza dia-a-dia Nº 2

3 ramas de manjericão

1 pitada de açúcar

Banho de Equilíbrio e prosperidade

9 anis estrelados

3 galhos de hortelã

1 punhado de quebra demanda

1 punhado de erva abre caminho

1 folha de samambaia

Banho de Harmonização Nº 1

3 folhas de peregum

3 galhos de hortelã

1 pedaço pequeno de gengibre

1 punhado de casca de jurema preta

1 folha de louro

Banho de Harmonização Nº 2

8 folhas de cânfora

5 folhas de laranjeira

1 punhado de angico

1 punhado de calêndula

1 punhado Artemísia

Banho de Harmonização Nº 3

3 folhas de eucalipto

3 folhas de louro

1 punhado de Sálvia branca

1 punhado de camomila

1 colher de melissa

Banho de Concentração Nº 1

3 galhos pequenos de alecrim

1 punhado de lavanda em natura ou 5 gotas de óleo essencial puríssimo.

1 ramo de manjericão.

Banho de Concentração Nº 2

1 punhado de Cipó Caboclo

1 punhado de folhas de romã

33 folhas de boldo qualquer espécie, maceradas.

Banho de Concentração Nº 3

5 a 10 Rosas branca preferência as miúdas (rosa menina), retire e use as pétalas.

1 punhado de folhas de jasmim

1 pitada de açúcar

Banho de atração e energização de bons fluidos e prosperidade.

21 cravos da índia

7 Folhas de louro

5 filetes de maçã vermelha

3 paus de canela da china

1 ramo de folhas de pitanga

1 punhado de erva doce

1 girassol apenas pétalas

1 colher de mel de boa qualidade.

(Pode deixar este preparo tomar o sol das 6 até antes das 7 horas da manhã para efeitos mais intensos, e toma-lo ao amanhecer).

www.ingramcontent.com/pod-product-compliance
Lightning Source LLC
LaVergne TN
LVHW041435170726
843492LV00008B/2622